Avispas

Trace Taylor y Lucía M. Sánchez

Esto es una avispa. Las avispas son insectos.

ojos

boca

aguijón

Las avispas tienen cinco ojos.

Tienen boca.

Algunas tienen aguijón.

Todos estos son nidos de avispa. Algunos tienen muchas avispas y otros tienen sólo una.

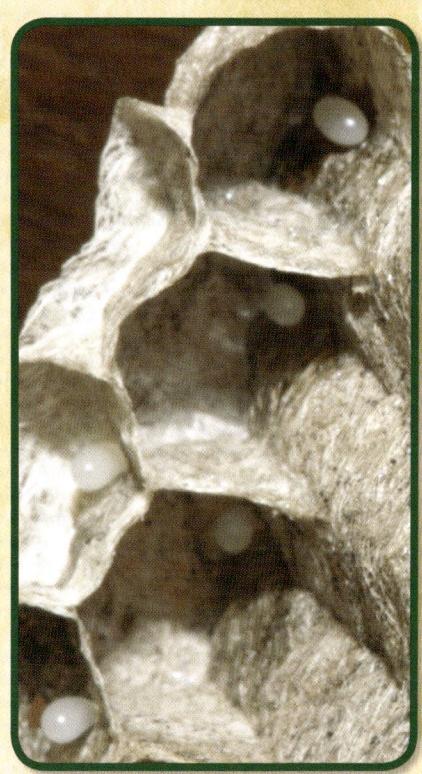

Estos son huevos de avispa. Casi todas las avispas ponen sus huevos en el nido.

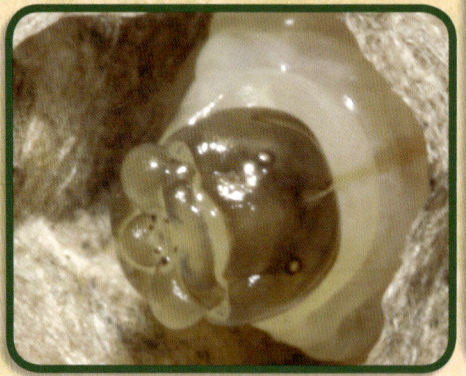

Las avispas salen de un huevo.

Estas son avispas recién nacidas.

Esta es una cría también.

Las crías de avispa comen bichos. La madre trae la presa al nido para sus bebés.

Esta avispa va a llevar a su presa al nido.

Esta avispa va a poner un gusano en su nido.

La presa de esta avispa es una mosca.

Y esta tiene una abeja entre sus patas.

Esta avispa va a llevar una araña a su nido.

Una avispa ha puesto diez arañas en el nido para sus crías.

Algunas avispas no hacen un nido. Ponen sus huevos en un gusano. Luego las crías de avispa se comen al gusano.

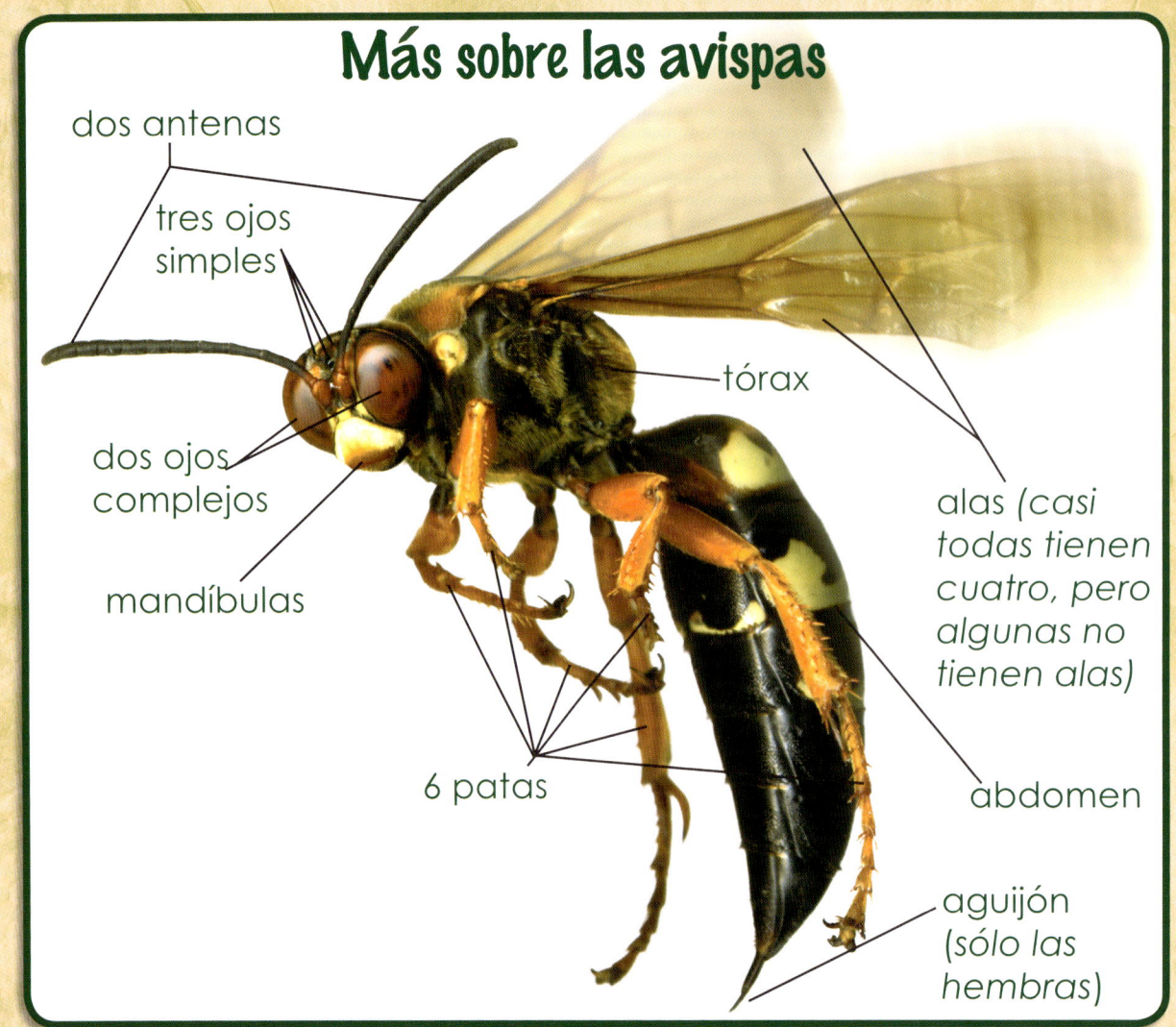